DEUTSCHES INSTITUT FÜR WIRTSCHAFTSFORSCHUNG
(INSTITUT FÜR KONJUNKTURFORSCHUNG)

Die Unfallversicherung als Kostenfaktor im deutschen Steinkohlenbergbau

von

STEPHANIE MÜNKE und MANFRED LIEBRUCKS

DUNCKER & HUMBLOT / BERLIN 1963

Herausgeber: Deutsches Institut für Wirtschaftsforschung, 1 Berlin 33, Königin-Luise Straße 5.
Schriftleitung: Dr. Hans L i e b e , Berlin 28, Edelhofdamm 36; in Vertretung: Dr. Horst Seidler.
Verlag: Duncker & Humblot, Berlin 45, Geranienstraße 2. Alle Rechte vorbehalten. Druck 1963 bei Buch- und Kunstdruckerei Gustav Ahrens, Berlin 65. Printed in Germany.

INHALT

	Seite
Vorwort	5
Fragen der Sozialleistungen	7
Vorbemerkung	7
Veränderungen der Arbeitskräftestruktur	8
Die Bedeutung von Lohnniveau und Lohnintensität für den Sozialaufwand	12
Der Aufwand für Sozialleistungen	15
Sonderprobleme der Versicherung gegen Unfallfolgen und Berufskrankheiten	17
Risiken	18
Organisation	25
Entlastungspläne	27
Stillegungslasten infolge Fortzahlung von Unfallrenten und Renten für Berufskrankheiten	30
Methodische Betrachtungen	30
Die Ergebnisse	32

Vorwort

Nachdem in der Öffentlichkeit und bei den beteiligten Behörden und wissenschaftlichen Institutionen die Frage der Stillegungslasten, die für den Fall einer Einschränkung der deutschen Steinkohlenförderung entstehen müssen, immer wieder erörtert worden ist, haben meine Mitarbeiter Stephanie M ü n k e und Manfred L i e b r u c k s eine eingehendere Untersuchung eines Teiles dieses Problems vorgenommen. Das Ergebnis wird hiermit der Öffentlichkeit vorgelegt.

Die Studie verfolgt den Zweck, soweit wie möglich zuverlässige Zahlen zu erarbeiten, um damit den unmittelbar Beteiligten den Weg zu wirtschaftspolitischen Lösungen zu erleichtern. Die statistischen Unterlagen sind nicht durch Primärerhebungen gewonnen, sondern im wesentlichen von der Bergbau-Berufsgenossenschaft Bochum und dem Unternehmensverband Ruhrbergbau, Essen, zur Verfügung gestellt worden. Diesen Stellen sei hiermit für die entgegenkommend gewährte Hilfe aufrichtig gedankt. Ebenfalls gebührt Herrn Dipl.-Berging. Hartmut G o m m Dank und Anerkennung für die umfangreiche und nutzbringende Mitarbeit.

Ich hoffe, daß die nunmehr vorliegenden Ergebnisse einen nützlichen Beitrag zur Lösung der schwierigen Aufgaben leisten, die mit der zukünftigen Entwicklung des deutschen Steinkohlenbergbaus und damit für die Zukunft vieler von ihm abhängigen Menschen gestellt sind.

Prof. Dr. Dr. h. c. F r i e d e n s b u r g

Fragen der Sozialleistungen

Vorbemerkung

Der Bergmann nimmt seit jeher eine Sonderstellung unter den Berufstätigen ein; seine Arbeit wird angesichts der Arbeitsumgebung und der für Leben und Gesundheit unter Tage drohenden Gefahren ebenso als besonders schwer anerkannt, wie sie ihm zu allen Zeiten einen besonderen Status verliehen hat, auf den vor allem ältere Bergleute mit einem eigenen Berufsbewußtsein reagieren[1]).

Die Solidarität, die aus der Gefahrengemeinschaft der im Bergbau Tätigen erwächst, hat früher als in anderen Berufen zu Einrichtungen der sozialen Sicherung in zunächst genossenschaftlicher Form geführt, so daß die Einrichtungen für die Sicherung der Bergleute bei Krankheit, Arbeitsunfähigkeit und Alter sowie für die Versorgung ihrer Hinterbliebenen die ältesten Institutionen der sozialen Sicherung in Deutschland sind.

Mit dem Aufbau des Systems der sozialen Sicherung in Deutschland und ihrer Organisation in sozialen Selbstverwaltungskörperschaften ist die Krankheits- und Rentenversicherung der im Bergbau Beschäftigten der anderer Berufe angeglichen worden. Den speziellen Bedürfnissen dieser Arbeitnehmergruppe entsprechend ist sie aber als selbständiger Versicherungsträger mit einer Leistungsgestaltung bestehen geblieben, die teilweise von den anderen Versicherungsträgern abweicht. In der Unfallversicherung ist im Zusammenschluß der Arbeitgeber zu Berufsgenossenschaften wie in anderen Wirtschaftszweigen die genossenschaftliche Organisationsform beibehalten worden.

Ebenso wie die Löhne der Bergarbeiter im allgemeinen an der Spitze oder in der Spitzengruppe der Lohnpyramide zu stehen pflegen, sieht auch das Knappschaftsrecht teilweise höhere Leistungen bei Invalidität und Alter als in den anderen Zweigen der Sozialversicherung vor und gewährt darüber hinaus den Versicherten, die unter Tage nicht mehr beschäftigt werden können, Renten zum Ausgleich für die verminderte Leistungsfähigkeit. Die finanziellen Ansprüche, die diese verschiedenen Formen der sozialen Sicherung an die Bergbauunternehmen stellen, haben in der Gegenwart eine besondere Aktualität erlangt, als sich der Bergbau in den letzten Jahren der veränderten Marktlage, vor allem der Kohle, in der Energieerzeugung anzupassen hatte und teilweise bereits angepaßt hat: für eine etwa gleichbleibend hohe Förderung wird eine wesentlich geringere Zahl an Arbeitskräften benötigt.

---

[1]) Das gilt auch für die Gegenwart, vgl. z. B. J a n t k e , Carl: Bergmann und Zeche, Tübingen 1953.

Der Bergbau und vor allem der Steinkohlenbergbau heben sich mit der Stagnation und in Zukunft voraussichtlich mit einem Rückgang der Förderung von den meisten anderen Zweigen der deutschen Wirtschaft ab; damit ist hier auch die Möglichkeit gegeben, die bei einer solchen Entwicklung auftretenden Probleme der sozialen Kosten zu untersuchen, und damit die Grundlagen für mögliche wirtschaftspolitische Entscheidungen zur Verfügung zu stellen. Allerdings treten diese Probleme angesichts der dem Bergbau eigenen sozialen Risiken stärker als in anderen Wirtschaftszweigen in Erscheinung. Das gilt vor allem für die Unfallversicherung, zumal die Finanzierung ihrer Leistungen nicht wie in anderen Zweigen der Sozialversicherung durch Beiträge beider Sozialpartner und Zuschüsse der öffentlichen Hand, sondern lediglich durch Beiträge der Unternehmen und hier gestaffelt nach den Risiken in den verschiedenen Betriebskategorien erfolgt.

Die Ergebnisse einer solchen Untersuchung der sozialen Kosten im Bergbau sind angesichts der besonderen Risiken in diesem Wirtschaftszweig nicht zu verallgemeinern, sie geben aber Aufschluß über die bei einer Reduzierung der wirtschaftlichen Tätigkeit möglichen Schwierigkeiten.

Veränderungen der Arbeitskräftestruktur

Der Steinkohlenbergbau hat die Anpassung an die veränderte Marktlage mit organisatorischen wie mit technischen Rationalisierungsmaßnahmen angestrebt. Von Anfang 1958 bis Anfang 1962 wurden 42 Schachtanlagen zu 21 Großschachtanlagen vereinigt, 16 Schachtanlagen sind in dieser Zeit stillgelegt und die Zahl der Abbaubetriebspunkte um annähernd 50 vH reduziert worden. Ein Ergebnis dieser Maßnahmen zeigt sich in der Steigerung der Leistung je Schicht und Mann unter Tage von 1,6 t im Jahre 1958 auf 2,3 t Ende 1961, d. h. um 44 vH. Die Anpassung des Bergbaus hat weiterhin den

Die Zusammensetzung der Belegschaften im Steinkohlenbergbau
(Deutsches Reich bzw. Bundesgebiet ohne Saar)
in vH der Beschäftigten

Arbeitnehmer-Kategorie	1936	1950	1953	1957	1960	1961
1. Arbeiter	93,0	92,7	92,4	91,4	89,5	89,1
a) Bergbaul. Betriebe						
unter Tage	67,7	64,1	63,9	63,1	60,6	60,0
über Tage	18,2	18,9	19,0	17,9	16,7	16,8
zusammen	85,9	83,0	82,9	81,0	77,3	76,8
b) Sonstige Betriebe	7,1	9,7	9,5	10,4	12,2	12,3
2. Angestellte	7,0	7,3	7,6	8,6	10,5	10,9

Quelle: Errechnet nach Statistik der Kohlenwirtschaft e. V., Zahlen zur Kohlenwirtschaft (passim).

ALTERSGLIEDERUNG DER ARBEITER
IM STEINKOHLENBERGBAU DER BUNDESREPUBLIK (OHNE SAAR)

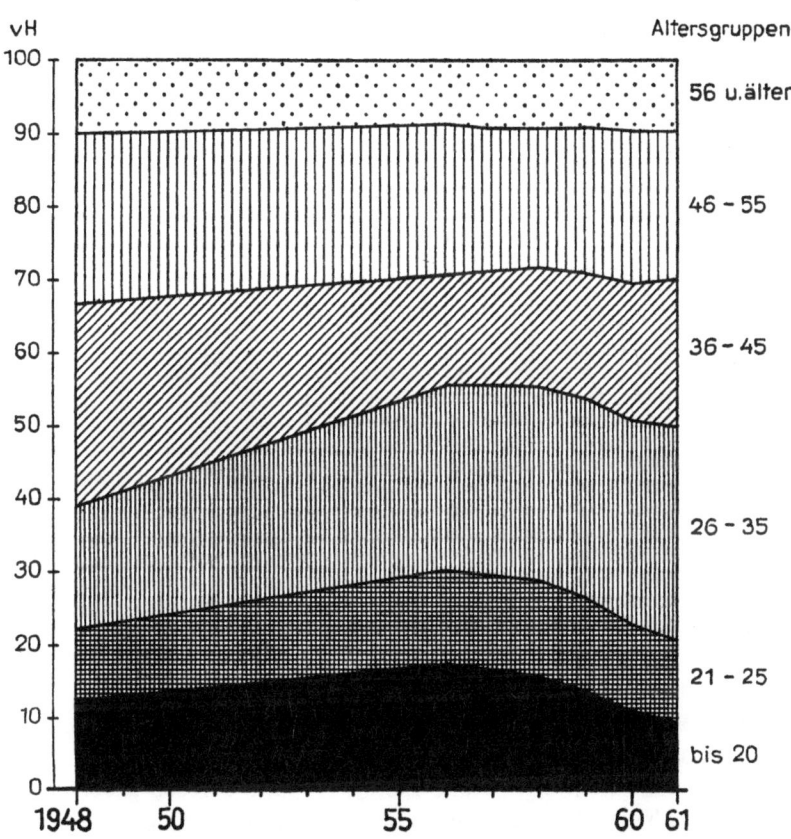

bei Rationalisierungsmaßnahmen allgemein zu beobachtenden Wandel in der Struktur der Belegschaften herbeigeführt.

Am Rückgang der Beschäftigtenzahlen von 540 000 im Jahr 1957 — der Zeit vor Beginn der Absatzkrise — bis Januar 1962 auf 426 000, d. h. um 128 000 Arbeitnehmer, sind die Untertage-Arbeiter mit 94 000 am stärksten beteiligt. Die Veredelungsbetriebe des Steinkohlenbergbaus beschäftigten dagegen im Jahr 1961 2000 Arbeitnehmer mehr als 1957. Diese unterschiedliche Entwicklung im Steinkohlenbergbau muß auch als Folge der Rationalisierungsmaßnahmen im Grubenbetrieb angesehen werden und bietet das charakteristische Bild einer relativen Zunahme der Verwaltungstätigkeiten und der Aufgaben der Arbeitsvorbereitung, verbunden mit dem Rückgang der Zahl unmittelbar in der Produktion Beschäftigter. Dies wird auch an den Kurven der Arbeiterzahl und der Schichtleistung je Arbeiter deutlich. Der Rückgang

ALTERSGLIEDERUNG DER ARBEITER IM STEINKOHLENBERGBAU DES RUHRGEBIETS

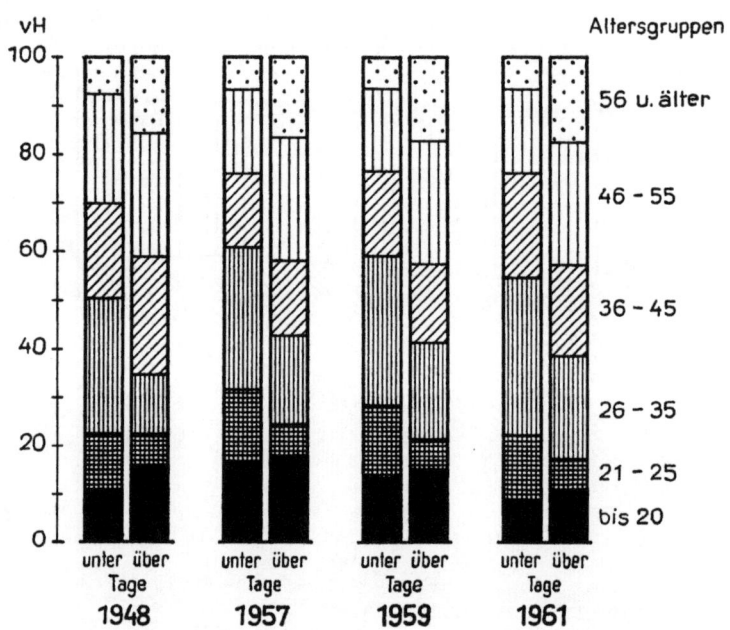

der Belegschaften hat sich allerdings nicht gleichmäßig über alle Altersgruppen verteilt.

1948 waren die Belegschaften noch unter dem Einfluß der unmittelbaren und mittelbaren Kriegsfolgen stark überaltert; 1957 dagegen gehörten fast 30 vH der Kohlenarbeiter der Gruppe der 25jährigen und jüngeren an, mehr als 40 vH standen mit 26 bis 45 Jahren im leistungsfähigsten Alter. 1961 ist das Bild der Altersschichtung durch die Verschiebung zu den älteren Jahrgängen gekennzeichnet.

Altersgliederung der Arbeiter im Ruhrbergbau
Anteile in vH

Alter in Jahren	unter Tage				über Tage			
	1948	1957	1959	1961	1948	1957	1959	1961
bis 20	10,4	16,3	13,4	8,9	16,1	18,0	15,2	11,3
21—25	12,0	15,4	15,2	13,4	6,3	6,5	6,5	6,0
26—35	18,3	29,2	30,6	32,6	12,4	18,3	19,4	21,2
36—45	29,2	15,3	17,4	21,2	24,1	15,3	16,4	18,7
46—55	22,6	17,1	17,0	17,4	25,5	25,4	25,4	25,2
56 u. älter	7,5	6,7	6,4	6,5	15,6	16,5	17,1	17,6

Altersgliederung der Arbeiter im Steinkohlenbergbau
Bundesgebiet ohne Saar
Anteile in vH

Alter in Jahren	1948	1957	1958	1959	1960	1961
bis 20	12,3	16,7	15,8	13,8	11,0	9,4
21—25	10,2	12,9	13,0	12,9	11,7	11,3
26—35	16,5	26,3	26,9	27,4	28,3	29,4
36—45	27,8	15,4	16,0	17,0	18,8	20,3
46—55	23,4	19,5	19,1	19,8	20,7	20,0
56 u. älter	9,8	9,2	9,2	9,1	9,5	9,6

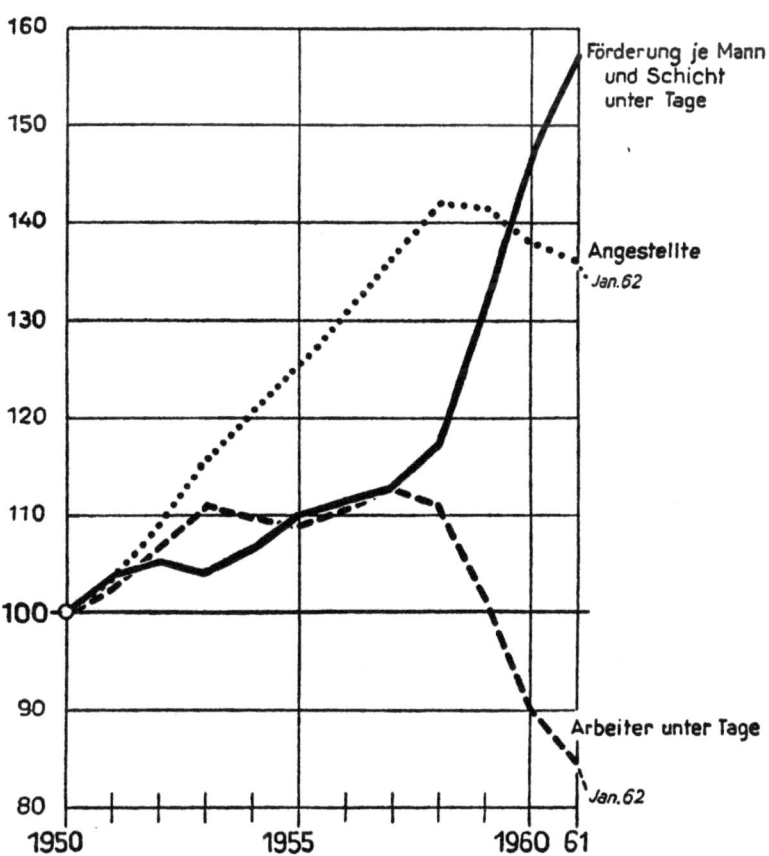

BESCHÄFTIGTE UND FÖRDERUNG IM STEINKOHLENBERGBAU DER BUNDESREPUBLIK (OHNE SAAR)
1950 = 100

Zunächst hat zwar die Gruppe der mittleren Jahrgänge noch bis auf fast die Hälfte zugenommen, auch der Anteil der älteren Arbeiter hat sich im zeitlichen Vergleich trotz der Verschiebung der Altersschichtung kaum erhöht. Das ist aber auf die besondere Personalpolitik der Unternehmen zurückzuführen. Bei einer Verringerung der Belegschaften können ältere Bergarbeiter nur schwer den Beruf wechseln. Soweit gesundheitliche Gründe sie nicht zur vollständigen Aufgabe der Erwerbstätigkeit zwingen, sind sie bestrebt, während des Bezuges einer evtl. niedrigen Teilrente an leichteren Arbeitsplätzen des Betriebes weiterzuarbeiten. Die Zechen haben aber die Bereitschaft zum Ausscheiden mit einem Übergangsgeld unterstützt, weil sie keine Verwendung für eine so große Anzahl minder leistungsfähiger Arbeitskräfte haben und das Umsetzen der älteren Jahrgänge bei Stillegungen erfahrungsgemäß schwierig ist.

Zum Problem wird vor allem die ständige Abnahme der unter 25 Jahre alten Belegschaftsmitglieder als unerwünschte psychologische Folge der Absatzkrise der Kohle, durch die junge Arbeiter von der Lehre für diese Berufe abgehalten und angesichts der ebenfalls hohen Löhne in der Industrie von dieser angezogen werden.

Der Bergbau hatte 1954 noch 39 000 Berglehrlinge, bis 1960 ging diese Zahl auf 9900 zurück. Der Anteil neu gewonnener Berglehrlinge an den Schulentlassenen verminderte sich von 2,7 vH auf 0,5 vH. Der Altersaufbau der Belegschaften im Kohlenbergbau würde ungünstiger sein, wenn nicht eine steigende Zahl überwiegend junger Ausländer (Ende 1961 über 16 000, vor allem Italiener, Spanier und Griechen) einen Teil der Lücken gefüllt hätte.

Diese Veränderung der Altersschichtung scheint zunächst keine negativen Auswirkungen auf die Produktionsleistungen der Belegschaften gehabt zu haben; das Problem schwächt sich auch dadurch ab, daß die weitergehende Mechanisierung und arbeitsmedizinische Maßnahmen eine Tätigkeit unter Tage in höherem Alter als früher ermöglichen. Dennoch muß damit gerechnet werden, daß die Disproportionalitäten bei den einzelnen Altersgruppen den sozialen Aufwand in der Zukunft erhöhen oder bei weiterer Produktivitätssteigerung nicht in entsprechendem Maße sinken lassen; die derzeitige Altersstruktur der im Steinkohlenbergbau Beschäftigten wird in absehbarer Zeit dazu führen, daß ein größerer Teil der Belegschaften in die Altersgruppen der etwa 50jährigen hineinwächst, die von vorzeitiger Invalidität und besonders von den bergbautypischen Berufskrankheiten relativ stark bedroht sind.

Die Bedeutung von Lohnniveau und Lohnintensität für den Sozialaufwand

Ein Ergebnis der Rationalisierung zeigt sich bei dem Vergleich der Entwicklung von Förderung und Lohnsummen. Steigende Schichtleistungen der Untertage-Arbeiter haben die Lohnsumme je t verwertbare Förderung von 1958 bis 1960 gesenkt, sie erreichte trotz einer leichten Erhöhung auch 1961 nicht wieder den Stand von 1958. Allerdings ist anzunehmen, daß sich die Lohnerhöhungen von 1962 trotz des weiteren Anstiegs der Schichtleistung auch in einer weiteren Erhöhung der Löhne je t auswirken.

Entwicklung von Lohnsummen und Förderung im Steinkohlenbergbau der Bundesrepublik [1])

Jahr	Förderung	Untertageleistung je Mann u. Schicht	Lohnsumme (über u. unter Tage Beschäftigte)	
	Mill. t	t	Mill. DM	DM je t
1950	111	1,40	1 602	14,46
1951	119	1,46	1 953	16,41
1952	123	1,48	2 175	17,64
1953	125	1,46	2 276	18,29
1954	128	1,49	2 324	18,15
1955	131	1,54	2 497	19,10
1956	134	1,56	2 783	20,70
1957	133	1,59	2 959	22,22
1958	133	1,64	2 976	22,45
1959	126	1,85	2 703	21,52
1960	126	2,06	2 640	20,94
1961	143	2,21	3 028	21,21

Quelle: Statistik der Kohlenwirtschaft e. V., Zahlen zur Kohlenwirtschaft.
[1]) 1950—1960: ohne Saar, 1961 mit Saar.

Die Löhne im Steinkohlenbergbau waren allerdings seit 1958 in der Rangfolge der Industriearbeiterlöhne zurückgeblieben, wie ein Vergleich mit anderen Industriezweigen zeigt.

Durchschnittliche Bruttostundenverdienste der männlichen Industriearbeiter in ausgewählten Wirtschaftsbereichen

Wirtschaftsbereich	November 1958		Mai 1961		Mai 1962	
	DM	Ind.=100	DM	Ind.=100	DM	Ind.=100
Alle Wirtschaftsbereiche ..	2,53	100	3,10	100	3,51	100
darunter:						
Steinkohlenbergbau	2,85	113	3,35	108	3,57	102
Eisen- und Stahlind.. ...	2,92	116	3,56	115	3,94	112
Fahrzeugbau	2,83	112	3,41	110	3,90	111
Chemische Industrie....	2,60	103	3,35	108	3,67	105
Maschinenbau	2,47	98	3,05	98	3,51	100
Elektrotechnik	2,34	94	2,91	94	3,33	95
Textilindustrie	2,19	87	2,73	88	3,06	87
Schuhindustrie	2,22	88	2,92	94	3,08	88

Quellen: Arbeits- und Sozialstatistische Mitteilungen, herausgegeben vom Bundesministerium für Arbeit und Sozialordnung, (passim.).

1958 standen die Bergarbeiterlöhne (ohne Bergmannsprämie) nach den Löhnen der männlichen Arbeiter in der Eisen- und Stahlindustrie mit 113 vH an zweiter, im Mai 1962 aber mit 102 vH des Durchschnitts aller Männerlöhne in der Industrie nur noch an vierter Stelle in der Lohnpyramide.

FÖRDERUNG UND LOHNSUMMEN
IM STEINKOHLENBERGBAU DER BUNDESREPUBLIK (OHNE SAAR)

1950 = 100

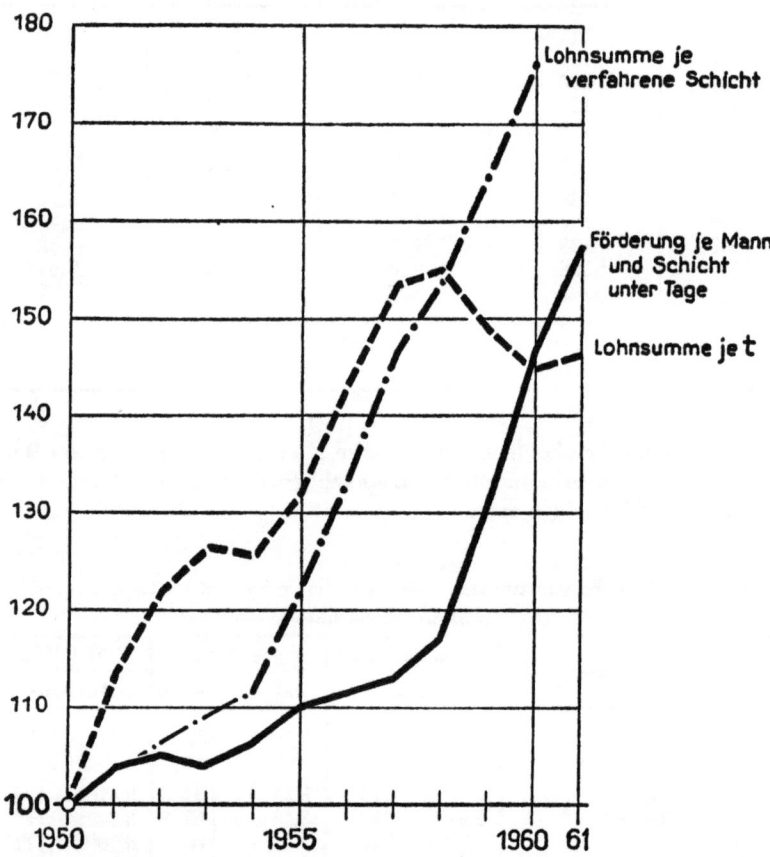

Lohnbewegungen haben im Kohlenbergbau angesichts der hohen Lohnquote erhebliche Bedeutung; der Anteil der Arbeitskosten an den Produktionskosten ist infolge geringerer Mechanisierungsmöglichkeiten unter Tage — wo im Januar 1962 z. B. noch 67 vH der Lohnempfänger beschäftigt waren — auch noch höher als in den übrigen Betrieben des Kohlenbergbaus.

Die Lohnquote im Steinkohlenbergbau hat bei — abgesehen von geringen Schwankungen — rückläufiger Tendenz mit 56 bzw. 60 vH (in Gruben- und Hilfsbetrieben) im Vergleich zu den Lohnquoten z. B. der Eisen- und Stahlindustrie von 17 vH, der Chemischen Industrie von 16 vH und des Fahrzeugbaus von 21 vH, für die Kosten wie für die lohnbezogenen Sozialabgaben

Die Lohnquote [1]) im Steinkohlenbergbau

Jahr	Steinkohlenbergbau	
	einschl. Weiterverarbeitung	nur Gruben und Hilfsbetriebe
1950	61,9	64,0
1951	59,3	60,9
1952	56,1	57,6
1953	55,8	57,0
1954	56,5	58,0
1955	56,7	58,5
1956	55,4	57,9
1957	56,6	59,5
1958	57,0	59,9
1959	58,1	62,0
1960	56,4	59,9

Quellen: Die Kohlenwirtschaft der Bundesrepublik 1960, Statistik der Kohlenwirtschaft e. V., Essen, 1961, S. 25—26.
[1]) Bruttoarbeitskosten in vH des Bruttoproduktionswertes.

ein besonderes Gewicht. Die **Lohnintensität** dieser Produktion und das relativ hohe **Lohnniveau** bewirken zusammen einen im Verhältnis zu anderen Wirtschaftszweigen hohen Sozialaufwand.

Der Aufwand für Sozialleistungen

Trotz der Mechanisierungserfolge immer noch schwere Arbeitsbedingungen und eine hohe Unfallgefahr bringen für einen großen Teil der Arbeiter im Steinkohlenbergbau einen relativ frühen Rückgang der Leistungsfähigkeit und ein erhöhtes Berufsrisiko, dem die Knappschaftliche Rentenversicherung mit besonderen Leistungen und höheren Steigerungssätzen bei der Rentenversicherung entspricht. Demzufolge sind ihre Beitragssätze für Arbeitgeber und Arbeitnehmer höher als die der anderen Sozialversicherungsträger. Vor allem die Arbeitgeber sind mit Rücksicht auf das hohe Berufsrisiko der von ihnen beschäftigten Arbeitnehmer durch einen höheren Beitragsanteil als in anderen Sozialversicherungszweigen an der Mittelaufbringung beteiligt.

In der Bergbau-Berufsgenossenschaft, dem Träger der Unfallversicherung für diesen Wirtschaftszweig, erfolgt die Aufbringung der Mittel ebenso wie bei den anderen Unfallversicherungsträgern entsprechend ihrem Charakter als Genossenschaft der Unternehmer zur Ablösung ihrer früheren zivilrechtlichen Haftung gegenüber verletzten Arbeitnehmern ausschließlich aus Beiträgen der Arbeitgeber. Nach dem Prinzip des Umlageverfahrens werden jährlich die Beiträge der Unternehmen in einer solchen Höhe festgesetzt, daß sie die Aufwendungen des jeweils abgelaufenen Geschäftsjahres decken. Die Unternehmen sind entsprechend dem Grad der Unfallgefahr in den einzelnen Kategorien der Betriebe in Gefahrklassen ein-

Sozialversicherungsbeiträge im Steinkohlenbergbau und in der Industrie
Stand am 1.1.1962
in vH des versicherungspflichtigen Einkommens

Versicherungszweig	Steinkohlenbergbau			Industrie (ohne Bergbau)		
	Arbeit-geber	Arbeit-nehmer	zu-sammen	Arbeit-geber	Arbeit-nehmer	zu-sammen
Krankenversicherung . . .	4,4	4,4	8,8	4,7	4,7	9,4
Rentenversicherung	15,0	8,5	23,5	7,0	7,0	14,0
Arbeitslosenversicherung . .	—1)	—1)	—1)	1,0	1,0	2,0
Unfallversicherung	14,3	—	14,3	1,1	—	1,1
Gesetzl. Kindergeld	1,3	—	1,3	1,0	—	1,0
Zusammen.	35,0	12,9	47,9	14,8	12,7	27,5

1) Der Bergbau führt seit 1942 die Arbeitslosenversicherungsbeiträge an die Knappschaftliche Versicherung ab.

geteilt; der für die verschiedenen Gefahrklassen festgesetzte Gefahrtarif bildet zusammen mit der Lohnsumme als Maßstab des Entgelts der Versicherten die Bemessungsgrundlage der Beiträge.

Mit diesem Verfahren zur Mittelaufbringung ohne Zuschüsse der öffentlichen Hand soll einmal das genossenschaftliche Prinzip dieses Versicherungsträgers gewahrt und zum anderen das finanzielle Interesse der Arbeitgeber an Maßnahmen zur Verhütung von Unfällen und Berufskrankheiten sowie zur gesundheitlichen Wiederherstellung Verletzter und Erkrankter gefördert werden.

Während in der Bergbau-Berufsgenossenschaft 1960 nur 3,4 vH der in allen gewerblichen Berufsgenossenschaften Versicherten erfaßt waren,

Soziale Aufwendungen der Arbeitgeber im Steinkohlenbergbau
für Arbeiter und Angestellte
Bundesrepublik ohne Saar

Jahr	Sozialleistungen nach Gesetz und Tarifvertrag			Sozialleistungen gesamt einschl. Sozialeinrichtungen		
	Mill. DM	in vH der Lohn- und Gehaltssumme	DM je t verwertbare Förderung	Mill. DM	in vH der Lohn- und Gehaltssumme	DM je t verwertbare Förderung
1956	742	22,67	5,52	1 243	37,99	9,25
1957	904	25,91	6,79	1 415	40,56	10,63
1958	1 124	31,73	8,48	1 598	45,12	12,05
1959	1 141	34,88	9,09	1 573	48,09	12,53
1960	1 128	35,06	8,95	1 554	48,31	12,33

Quellen: Zahlen zur Kohlenwirtschaft und Danielzig, H.: „Die Sozialleistungen im Steinkohlenbergbau", in: Arbeit und Sozialpolitik, 1962/4.

erreichte der Anteil dieser Berufsgenossenschaft im gleichen Jahr an erstmalig entschädigten Arbeitsunfällen 13 vH und an Berufskrankheiten 74 vH der entsprechenden Entschädigungsfälle aller Berufsgenossenschaften. Diese Daten erklären u. a. den hohen Beitragssatz zur Unfallversicherung.

Vergleicht man nur die Arbeitgeberbeiträge, so zeigt sich eine mehr als doppelt so hohe Belastung des Bergbaus mit Sozialversicherungsbeiträgen. Aufwendungen für Arbeitsschutz und Unfallverhütung auf Grund gesetzlicher Bestimmungen, für zusätzliche Schwerbeschädigtenurlaube, für die Hausbrandversorgung von Invaliden und Witwen zählen weiterhin in den Bereich der gesetzlich festgelegten oder tarifvertraglich vereinbarten Sozialleistungen.

Sie machten zusammen mit den Arbeitnehmerbeiträgen nach den Ergebnissen der Lohnstrukturerhebung 1957 in der gesamten Industrie 28,1 vH, in der Wirtschaftsabteilung Bergbau, Steine und Erden und Energiewirtschaft dagegen 39,0 vH der Bruttolohn- und -gehaltssumme aus[2]).

Außerdem erwartet auch der Bergarbeiter von seinem Betrieb zusätzliche Sozialleistungen wie Förderung des Wohnungsbaus, Ausbildungsmaßnahmen, Gesundheitsdienst, Versorgungsbetriebe, Werksfürsorge und andere Sozialeinrichtungen. Der Gesamtaufwand der Arbeitgeber im Steinkohlenbergbau für die verschiedenen Sozialleistungen hat damit rund die Hälfte der Lohn- und Gehaltssumme erreicht. Rechnet man auch diese Aufwendungen auf die Förderung um, so zeichnet sich hier allerdings keine eindeutig rückläufige Tendenz ab.

Arbeitskosten je t verwertbare Förderung in DM[1])

Kostenart	1956	1957	1958	1959	1960
Lohnsummen (Arbeiter) ..	20,70	22,22	22,45	21,52	20,94
Gehaltssummen (Angestellte)	3,59	3,94	4,21	4,47	4,59
Sozialaufwand					
gesetzl. u. tarifl.	5,52	6,79	8,48	9,09	8,95
zusätzl. betriebl.	3,73	3,84	3,57	3,44	3,38
Zusammen	33,54	36,79	38,71	38,52	37,86

Quellen: Zahlen zur Kohlenwirtschaft und Danielzig, a. a. O., S. 102.
[1]) Alle Betriebe einschl. der Veredelungsbetriebe.

Sonderprobleme der Versicherung gegen Unfallfolgen und Berufskrankheiten

Die Rationalisierungsmaßnahmen des Bergbaus lassen auch im sozialpolitischen Bereich in der Gesamtbetrachtung positiver Wirkungen erkennen, in der Unfallversicherung dagegen haben sie besondere Probleme auftreten lassen. Diese Probleme ergeben sich einmal aus der Art der von ihr zu entschädigenden Risiken und zum anderen aus der Konstruktion der Berufsgenossenschaften.

---
[2]) Vgl. auch Spiegelhalter, Franz: „Der unsichtbare Lohn", Neuwied, 1961, S. 53 f.

Risiken

Die bergmännische Tätigkeit ist seit jeher mit besonderen Unfallgefahren und berufsbedingten Erkrankungen belastet gewesen; diese Gesundheitsschädigungen sind außerdem meist schwerer und im allgemeinen von längerer Dauer.

Erstmals entschädigte Fälle der Bergbau-Berufsgenossenschaft auf 1000 Versicherte

Jahr	Arbeitsunfälle	Wegeunfälle [1]	Berufskrankheiten [1]	Zusammen
1886	6,59	—	—	6,59
1900	12,19	—	—	12,19
1925	13,00	0,00	—	13,00
1938	10,27	0,34	3,16	13,77
1951	10,25	0,54	11,58	22,37
1956	11,46	0,98	7,75	20,19
1957	11,03	1,01	8,05	20,09
1958	11,22	1,02	8,67	20,90
1959	12,60	1,07	8,86	22,53
1960[2]	13,48	0,97	8,92	23,36
1961	12,68	1,01	8,31	22,01

[1] Wegeunfälle sind seit 1925 als Versicherungsfälle und Silikose seit 1929 als Berufskrankheiten anerkannt. Die Ausdehnung der Versicherung auf weitere Risiken, wie z.B. 1936 auf Silikose-Tbc und 1952 auf Minderungen der Erwerbsfähigkeit infolge von Berufskrankheiten um 20 vH anstatt wie bis dahin nur um 50 vH, hat zu dem Anstieg der in Erscheinung tretenden Fälle von Berufskrankheiten im längerfristigen Vergleich geführt. — [2] Seit 1960 einschl. Saarland.

Das Verhältnis der Neuzugänge an Leistungsfällen infolge eines Arbeitsunfalles zu den Versichertenzahlen, also der Anteil der Verletzten an den Arbeitenden, ist seit der Jahrhundertwende ziemlich konstant geblieben; Unfälle sind hier allerdings sehr viel häufiger als in der gesamten Industrie (einschl. Bergbau), wo 1960 nur 322, im Bergbau dagegen 1348 Arbeitsunfälle auf 100 000 Versicherte zu Rentenleistungen führten. Zunehmende Motorisierung und Verkehrsdichte haben die Zahl der Wegeunfälle steigen lassen.

Die **Art** und die **Dauer** dieser Versicherungsfälle sind es aber, die dem Bergbau besondere Probleme stellen. 39 vH des Bestandes an Leistungsfällen für Berufskrankheiten und 50 vH der Arbeitsunfall-Renten stammten 1961 aus der Zeit vor 1950; bereits daraus ergibt sich das besondere Gewicht der sogenannten „alten Last" (in Analogie zu produktionstechnischen Ausdrücken im Bergbau häufig auch als „Totlast" bezeichnet) in dieser Versicherung.

Der Aufwand für die „alte Last" ist zudem größer als der Anteil dieser Leistungsfälle am Rentenbestand: bei Arbeitsunfall-Renten betrug 1961 der Anteil der bis 1950 eingetretenen Fälle 50 vH des Bestandes, aber die Leistungen erreichten 54 vH des Rentenaufwandes für Arbeitsunfälle. Geringere Abweichungen sind bei Wegeunfällen zu verzeichnen: 24 vH des Rentenbestandes und 26 vH des Aufwandes für die Wegeunfall-Renten sind vor 1950 verursacht worden. Bei den Berufskrankheiten mit einem Anteil der

VERSICHERTE UND ERSTMALIG ENTSCHÄDIGTE FÄLLE VON BERUFSKRANKHEITEN IN DER BBG

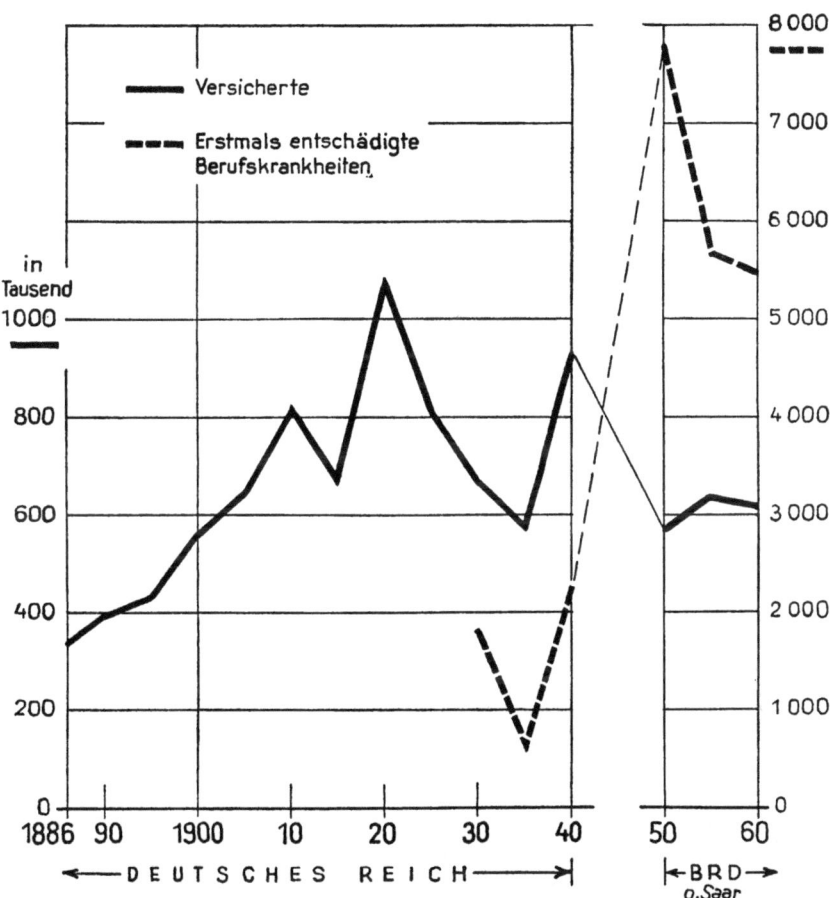

„alten Last" von 39 vH am Rentenbestand und 44 vH am Aufwand für diese Leistungen ist der Unterschied am größten.

Die für die Bergbau-Berufsgenossenschaft charakteristischen Leistungsfälle aus einer länger zurückliegenden Zeit haben zudem eine besondere D a u e r h a f t i g k e i t. Dies gilt weniger für U n f ä l l e ; sie sind im Bergbau wohl oft schwerer als in anderen Betrieben, sie verlaufen auch wesentlich häufiger tödlich: im Durchschnitt aller Industriezweige verunglückten 1960 17, im Bergbau dagegen 85 von 100 000 versicherten Beschäftigten tödlich, das ist etwa das Fünffache. Wie die Zahlen zeigen, ist die Chance, die Folgen der Unfälle mit nicht tödlichem Ausgang durch medizinische Maßnahmen zu beheben, in neuerer Zeit gestiegen. Innerhalb der ersten vier Jahre nimmt

Die Leistungsfälle der Bergbau-Berufsgenossenschaft und der Aufwand für diese Leistungen nach dem Zeitpunkt des Versicherungsfalles
in vH des Bestandes bzw. des Aufwandes

Jahre des Rentenbeginns	Arbeitsunfälle		Wegeunfälle		Berufskrankheiten	
	Bestand	Beträge	Bestand	Beträge	Bestand	Beträge
1960						
1885—1915	2,48	2,73	—	—	—	—
1916—1925	5,90	6,27	0,02	0,02	0,00	0,00
1926—1930	4,99	5,59	1,13	1,37	0,98	0,89
1931—1935	4,29	4,74	1,37	1,56	1,47	1,31
1936—1940	8,59	7,96	6,55	5,85	5,45	4,74
1941—1945	11,09	12,18	6,96	6,44	9,65	10,01
1946—1950	14,18	15,49	10,00	11,31	22,72	28,47
1951—1955	17,73	18,12	23,57	23,57	33,76	34,53
1956—1960	30,75	26,92	50,40	49,88	26,01	20,05
Zusammen	100,00	100,00	100,00	100,00	100,00	100,00
1961						
1885—1915	2,29	2,45	—	—	—	—
1916—1925	5,73	5,92	0,02	0,02	0,00	0,00
1926—1930	4,92	5,40	1,05	1,21	0,90	0,82
1931—1935	4,29	4,68	1,40	1,59	1,34	1,24
1936—1940	8,31	7,85	5,67	5,67	5,19	4,53
1941—1945	10,41	12,12	6,11	6,47	9,28	9,61
1946—1950	14,32	15,55	9,59	11,03	21,93	27,53
1951—1955	17,93	18,14	22,71	22,92	32,50	34,36
1956—1960	23,31	21,75	40,44	39,23	24,10	18,73
1961	8,49	6,14	13,01	12,16	4,76	3,18
Zusammen	100,00	100,00	100,00	100,00	100,00	100,00

deshalb die Zahl der in einem bestimmten Jahr bewilligten Unfallrenten um etwa die Hälfte ab: So wurden von den 7996 wegen eines Arbeits- oder Wegeunfalles im Jahr 1958 neu bewilligten Renten 1961 noch 3456 gewährt; nach dieser Zeit pflegt die Zahl der aus einem bestimmten Jahr stammenden Renten dann langsamer zurückzugehen, weil die Personen, die ihre Erwerbsfähigkeit wieder erlangen konnten, dann meistens schon wiederhergestellt sind. Allerdings scheinen Maßnahmen der Unfallverhütung im Bergbau in den letzten Jahren nicht besonders wirkungsvoll gewesen zu sein. Während die Industrie (einschl. Bergbau) in den Jahren 1956 bis 1960 einen Rückgang von Neurentnern aus Arbeitsunfällen von 377 auf 322 auf jeweils 100 000 versicherte Beschäftigte erreichen konnte, stieg diese Zahl im Bergbau im gleichen Zeitraum von 1146 auf 1348, 1961 weiter auf 1369. Der Anteil der Aufwendungen für die Verhütung von Unfällen an den Gesamtausgaben der Bergbau-Berufsgenossenschaft ist allerdings in den letzten Jahren zurückgegangen und niedriger als in der Vorkriegszeit.

Die Berufskrankheiten sind das Hauptproblem der Unfallversicherung des Bergbaus; sie treten in einem mittleren Lebensalter und nach einer Anzahl von Berufsjahren auf, vermindern aber auf Grund neuer medizinischer Behandlungsmethoden die Lebenserwartung der erkrankten Berg-

Die Ausgabenstruktur der Bergbau-Berufsgenossenschaft
(ab 1960 einschl. Saarland)
in vH der Gesamtausgaben

Ausgabearten	1928	1938	1951	1956	1959	1960	1961
Krankenbehandlung	12,5	10,8	10,5	13,3	11,8	11,8	11,1
Leistungen an Verletzte und Erkrankte	42,8	44,0	51,2	52,7	54,8	54,9	55,4
Leistungen an Hinterbliebene	33,0	32,0	26,9	24,9	26,6	26,7	27,8
Heil- und Pflegeanstalten	1,7	1,7	2,2	1,9	1,4	1,1	0,9
Unfallverhütung	1,7	1,8	2,2	1,8	1,0	1,0	1,0
Rücklagen und sonstige Kosten	3,6	5,6	4,6	2,6	2,2	2,1	1,5
Verwaltung	4,7	4,1	2,4	2,8	2,2	2,4	2,3

Quellen: Verwaltungsberichte der Bergbau-Berufsgenossenschaft 1951 bis 1961.

leute nur um wenige Jahre. Darauf ist es auch zurückzuführen, daß die Berufskrankheiten im Gegensatz zu Unfällen sehr langfristige Leistungsfälle verursachen.

Im Gegensatz zu den Arbeits- und Wegeunfällen können medizinische Maßnahmen auch nur selten die Erwerbsfähigkeit wiederherstellen, so daß hier die Rentenzahlungen nicht, wie oft bei den Unfällen, vorübergehender Natur sind. (Zugänge an Flüchtlingsrenten ließen in einigen Jahren mit ver-

Bestand der Leistungsfälle der Bergbau-Berufsgenossenschaft im Jahre 1961
(Bundesrepublik ohne Saarland)

Jahr des Rentenbeginns	Unfälle			Berufskrankheiten		
	Zugänge in den Jahren der Vorspalte	Bestand 1961		Zugänge	Bestand 1961	
		absolut	in vH des Zugangsjahres		absolut	in vH des Zugangsjahres
1885—1925	347 217	7 022	2,0	—	—	—
1926—1945	159 190	25 096	15,8	32 616	17 104	52,4
1946	3 984	2 151	54,0	4 093	3 381	82,6
1947	3 486	1 835	52,6	3 666	3 131	85,4
1948	4 835	2 325	48,1	4 736	3 942	83,2
1949	5 441	2 697	49,5	6 026	5 042	83,7
1950	5 804	2 665	45,9	7 803	6 529	82,6
1951[1])	6 418	2 814	43,8	6 889	6 083	88,3
1952	6 159	2 221	36,0	5 989	5 264	87,9
1953	7 309	3 181	43,5	10 497	9 099	86,7
1954	7 312	3 231	44,2	6 627	5 669	85,5
1955	8 055	3 068	38,1	5 661	4 772	84,3
1956	8 214	3 135	38,1	5 118	4 355	85,1
1957	7 821	3 139	40,1	5 325	4 517	84,8
1958	7 996	3 456	43,2	5 665	4 726	83,4
1959	8 316	4 231	50,9	5 384	4 350	80,8
1960	7 349	4 888	66,5	5 105	4 373	85,7
1961	6 810	6 810	100,0	4 512	4 512	100,0

Quellen: Verwaltungsberichte der Bergbau-Berufsgenossenschaft.
[1]) Ab 1951 einschl. Flüchtlingsrenten.

stärktem Zuzug aus Mitteldeutschland die Bestandszahlen sogar geringfügig ansteigen; diese Zugänge sind nicht gesondert erfaßt und können deshalb nicht ausgesondert werden, doch ist ihre Zahl so gering, daß sie das Gesamtbild nicht beeinträchtigen.)

Bestand an Entschädigungsfällen aus den jeweils letzten 5 Jahren
(Bundesrepublik ohne Saarland)
in vH des ursprünglichen Rentenzuganges

Jahr	1951	1952	1953	1954	1955	1956	1957	1958	1959	1960	1961
Entschädigungen wegen Berufskrankheit [1)											
1947	94,7	.	.	.	.	.	.	.	.	87,5	85,4
1948	103,6	100,2	.	.	.	.	.	.	.	85,4	83,2
1949	105,5	100,5	101,7	.	.	.	.	.	.	85,7	83,7
1950	101,3	98,0	97,8	96,2	.	.	.	.	.	84,6	82,6
1951	100,0	98,7	98,1	96,5	96,5	.	.	.	.	90,6	88,3
1952	—	100,0	85,5	84,4	97,8	96,3	.	.	.	89,4	87,9
1953	—	—	100,0	98,6	97,3	95,4	95,1	.	.	88,9	86,7
1954	—	—	—	100,0	98,1	94,9	98,3	92,0	.	88,1	85,5
1955	—	—	—	—	100,0	99,4	105,1	90,0	88,4	86,3	84,3
1956	—	—	—	—	—	100,0	94,3	91,9	88,7	87,2	85,1
1957	—	—	—	—	—	—	100,0	94,8	88,4	83,7	84,8
1958	—	—	—	—	—	—	—	100,0	93,9	89,2	83,4
1959	—	—	—	—	—	—	—	—	100,0	89,1	80,8
1960	—	—	—	—	—	—	—	—	—	100,0	85,7
1961	—	—	—	—	—	—	—	—	—	—	100,0
Entschädigungen wegen Arbeits- und Wegeunfällen											
1947	62,7	.	.	.	.	.	.	.	.	54,9	52,6
1948	63,3	59,4	.	.	.	.	.	.	.	49,3	48,1
1949	73,0	65,4	60,5	.	.	.	.	.	.	50,5	49,6
1950	89,3	73,5	63,3	57,6	.	.	.	.	.	46,8	45,9
1951	100,0	88,5	68,6	59,2	52,9	..	.	.	.	44,5	43,8
1952	—	100,0	74,4	56,1	46,7	43,7	.	.	.	36,4	36,1
1953	—	—	100,0	82,5	59,3	56,6	51,7	.	.	44,0	43,5
1954	—	—	—	100,0	83,9	69,3	53,0	50,1	.	45,1	44,2
1955	—	—	—	—	100,0	79,6	60,7	46,5	42,1	39,8	38,1
1956	—	—	—	—	—	100,0	57,3	52,8	43,4	42,2	38,2
1957	—	—	—	—	—	—	100,0	72,5	53,6	47,1	40,1
1958	—	—	—	—	—	—	—	100,0	71,9	57,9	43,2
1959	—	—	—	—	—	—	—	—	100,0	82,6	50,9
1960	—	—	—	—	—	—	—	—	—	100,0	66,5
1961	—	—	—	—	—	—	—	—	—	—	100,0

[1) Anstieg gegenüber dem Vorjahr durch Flüchtlingsrenten verursacht.

An 52,4 vH der in den Jahren 1925 bis 1945 bewilligten Rentenfälle wurden noch 1961 Leistungen als Versicherten- oder Hinterbliebenenrenten gezahlt. Am Bestand der infolge von Berufskrankheiten gezahlten Renten waren Leistungsfälle aus dieser Zeit 1960 noch mit 18 vH und 1961 mit 17 vH beteiligt; 83 vH der vor 15 Jahren und 88 vH der vor 10 Jahren erstmals gewährten Renten wurden noch 1961 gezahlt. Deshalb bedeutet die Dauer der Rentenleistungen einen hohen Aufwand für den Versicherungsträger.

Ein Vergleich mit den Zahlen der gesamten Unfallversicherung zeigt die starke Belastung der Bergbau-Berufsgenossenschaft mit diesen Leistungen: von den Rentenzugängen für Berufskrankheiten in der Industrie (einschl. Bergbau) entfielen 1960 rund 74 vH auf den Bergbau und darunter 70 vH auf den Steinkohlenbergbau. Der Anteil der Bergbau-Berufsgenossenschaft an den Aufwendungen aller Berufsgenossenschaften für diese Leistungen lag mit 85 vH noch darüber, da auch die Leistung je Versicherungsfall höher als in anderen Wirtschaftszweigen gewesen ist.

Innerhalb dieses Versicherungsträgers erfordern die Berufskrankheiten 62 vH der Entschädigungsleistungen, und unter ihnen steht die Silikose an erster Stelle: Rund 55 vH der 1961 erstmals entschädigten Fälle von Berufskrankheiten beruhten auf diesem Leiden; 1961 sind diese Zugänge allerdings gegenüber dem Vorjahr um 16 vH zurückgegangen. An zweiter Stelle folgen Meniskus-Schäden der Bergleute, deren Zugang bis 1960 ständig zugenommen hatte (1960 um 17 vH gegenüber 1959), 1961 aber zum ersten Male (um 6 vH) zurückgegangen ist. Doch sind die gesundheitlichen Auswirkungen dieser Berufskrankheit unvergleichlich geringer als die der Silikose. Bei der Staublungenerkrankung (Silikose und Siliko-Tuberkulose) handelt es sich aber um eine Erkrankung, die von langer Dauer ist — wie bereits ausgeführt wurde — und die auch erst nach einer längeren Berufstätigkeit auftritt. Die Verursachung dieser Gesundheitsschäden liegt oft Jahrzehnte vor dem Zeitpunkt, zu dem die Schäden erkannt und anerkannt werden.

Wenn auch im Silikose-Forschungsinstitut in Bochum seit Jahren — teilweise mit Unterstützung der Europäischen Gemeinschaft für Kohle und

Berufsjahre, Lebensalter bei Eintritt des Versicherungsfalles und Sterbealter der Silikose-Rentner der Bergbau-Berufsgenossenschaft

Jahr	Berufsjahre in		Lebensalter bei	
	bergmännischer Tätigkeit	Ausbildung bzw. anderer Tätigkeit	erstmaliger Rente	Tod
1948	26,9	9,2	51,1	57,0
1949	27,7	9,7	52,4	57,9
1950	28,1	10,3	53,4	58,2
1951	28,2	10,6	53,8	59,1
1952	28,0	11,2	54,2	59,8
1953	28,2	11,1	54,3	60,9
1954	28,8	10,4	55,2	61,9
1955	28,8	11,9	55,7	61,5
1956	29,6	11,5	56,1	63,3
1957	30,0	11,8	56,8	63,1
1958	29,5	11,1	55,6	63,6
1959	29,6	11,9	55,7	63,9

Quelle: Kompaß, Mitteilungsblatt der Bergbau-Berufsgenossenschaft, 1960/12, S. 188—198.

Gliederung der im Bergbau der Bundesrepublik (ohne Saarland) erstmalig entschädigten reinen Silikoseerkrankten nach dem bei Beginn der Rentenleistung vorhandenen Berufsalter
in vH der Gesamtzahl

Berufsjahre	1948—1951	1952—1955	1956—1959
bis 5	0,17	0,34	0,39
6 „ 10	1,04	1,50	2,13
11 „ 15	3,23	3,94	4,33
16 „ 20	9,82	8,84	7,13
bis 20	14,26	14,62	13,98
21 bis 25	21,08	17,31	12,40
26 „ 30	30,64	26,80	22,39
31 „ 35	20,72	25,30	26,29
21 bis 35	72,44	69,41	61,08
36 bis 40	9,44	11,75	18,83
41 „ 45	3,13	3,29	5,25
46 „ 50	0,71	0,92	0,83
über 50	0,02	0,01	0,03
über 35	13,30	15,97	24,94
Zusammen	100,00	100,00	100,00
Durschnittl. Berufsalter bei Beginn der Rentenleistungen in Jahren	27,8	28,4	29,7

Quelle: Kompaß, Mitteilungsblatt der Bergbau-Berufsgenossenschaft, 1960/12, S. 192.

Stahl — an neuen Methoden zur Verhütung und Heilung dieser Krankheit gearbeitet wird und entsprechende Maßnahmen in den Zechen durchgeführt wurden, ist der Zugang neuer Versicherungsfälle dieser Art nicht kurzfristig zu beeinflussen. Er reagiert, wie überhaupt die Berufskrankheiten der Bergleute, auch nicht kurzfristig, sondern zum Teil erst in einem Abstand von Jahrzehnten auf eine Veränderung des Beschäftigtenstandes.

Die durchschnittliche Zahl der Berufsjahre in bergmännischer Tätigkeit vor Eintritt des Rentenfalles konnte ebenso wie das durchschnittliche Lebensalter bei Rentenbeginn im letzten Jahrzehnt erhöht werden. Zwei Drittel der Versicherten, die 1959 erstmalig wegen einer Staublunge eine Rente erhielten, haben aber ihre Tätigkeit unter Tage zwischen 1924 und 1938, d. h. zu einer Zeit aufgenommen, in der die Arbeitsverhältnisse in der Grube wesentlich ungünstiger waren; für sie sind die gesundheitlichen Verbesserungen der Arbeitsplätze zu spät gekommen, der Grundstein für ihre Berufskrankheit wurde in weiter zurückliegenden Jahren gelegt. Gesundheitsschutzmaßnahmen und Fortschritte der medizinischen Betreuung konnten allerdings bewirken, daß der Anteil der schwer Erkrankten — d. h. mit einer Minderung der Erwerbsfähigkeit um mehr als 50 vH — in den letzten Jahren auf rund 9 vH der Silikose-Fälle zurückgegangen ist, damit ist auch die Lebenserwartung dieser Rentner seit 1948 um fast sieben Jahre gestiegen.

Diese im Interesse der Menschen günstige Entwicklung bringt für den Versicherungsträger finanzielle Auswirkungen: Gesundheitsschutzmaßnahmen, wie sie in den letzten Jahren intensiviert wurden, wirken sich erst allmählich aus. Das Lebensalter bei Eintritt des Versicherungsfalles ist zwar in der Zeit von 1948 bis 1959 von 51,1 auf 55,7 Jahre gestiegen, 68 vH der 1959 neu zugegangenen Silikose-Rentner waren 51 bis 65 Jahre alt, doch geht aus der Entwicklung des Altersaufbaus hervor, daß infolge der veränderten Altersschichtung auch der Untertage-Belegschaften der Anteil der in diesem Lebensalter Stehenden in den letzten Jahren zunimmt. Deshalb kann unter sonst gleichbleibenden Verhältnissen auch für die nächsten Jahre nicht mit einem stärkeren Rückgang dieser Berufskrankheit und damit der an den Versicherungsträger gestellten Ansprüche gerechnet werden. Die Renten sind vielmehr bei der steigenden Lebenserwartung dieser Rentner voraussichtlich für eine längere Zeit zu zahlen.

Die Arbeiter allerdings, die zu Beginn der fünfziger Jahre in jugendlichem Alter in den Bergbau eingetreten und seit der Absatzkrise 1958 in andere Industriebetriebe abgewandert sind — die absoluten Zahlen der Untertage-Arbeiter im Ruhrbergbau lassen eine solche Abwanderung in der Verringerung z. B. der Zahl der 21- bis 25jährigen von 48 000 auf 31 000 oder der 26- bis 30jährigen von 51 000 auf 34 000 erkennen — haben nur so kurze Zeit eine bergmännische Tätigkeit ausgeübt, daß sie nur in Ausnahmefällen einen für den Bergbau typischen Gesundheitschaden erlitten haben können; nur rund 2,5 vH der 1956 bis 1959 an Silikose-Erkrankten hatten weniger als zehn Jahre unter Tage gearbeitet.

Organisation

Der Strukturwandel im Steinkohlenbergbau stellt die in der Berufsgenossenschaft zusammengeschlossenen Unternehmen angesichts der Organisation und der Art der Mittelaufbringung vor besondere Probleme. H ö f f n e r charakterisiert die Konstruktion dieses Versicherungsträgers mit der Übertragung der Verantwortung an den zuständigen und überschaubaren Wirtschaftszweig als dem Subsidiaritätsprinzip entsprechend und als Verwirklichung der Solidarität innerhalb des Gewerbezweiges[3]. Diese Übertragung der Verantwortung an den zuständigen Wirtschaftszweig bedeutet konkret, daß der einzelne Bezirk der Bergbau-Berufsgenossenschaft seine Aufwendungen selbst zu tragen hat und diese Beträge im Umlageverfahren von den Unternehmen einzieht, die im entsprechenden Geschäftsjahr versicherungspflichtige Arbeitnehmer beschäftigt haben. Das Umlageverfahren schließt eine Reservenbildung aus; von nicht mehr arbeitenden Betrieben werden auch für die bei ihnen verursachten Versicherungsfälle keine Beiträge mehr erhoben, die weiterarbeitenden haben deshalb auch für diese aufzukommen.

1957 arbeiteten im Steinkohlenbergbau 354 Unternehmen mit 523 000 Versicherten; 1960 waren es (ohne Saarland) 292 Unternehmen mit 441 000 Arbeitnehmern und 1961 noch 272 Unternehmen mit 419 000 Versicherten.

---

[3] H ö f f n e r, Josef: „Sozialpolitik im deutschen Bergbau", Münster 1956, S. 131/132.

Die Lohnsummen der Versicherten, die der Beitragserhebung zugrunde gelegt werden, gingen seit 1957 von 3222 Mill. DM auf 3075 Mill. DM im Jahr 1960 zurück, stiegen aber 1961 auf 3214 Mill. DM. Die Gesamtausgaben der Bergbau-Berufsgenossenschaft sind in diesen Jahren (ohne Saarland) von 420 Mill. DM (1957) auf 460 Mill. DM (1960) und 531 Mill. DM im Jahr 1961 gestiegen. Der Umlageanteil des Steinkohlenbergbaus betrug 1957 387 Mill. D-Mark, 1959 422 Mill. DM, 1960 424 Mill. DM und 1961 489 Mill. DM. Die Verteilung eines höheren Aufwandes auf eine infolge verminderter Versichertenzahl geringere Lohnsumme mußte zwangsläufig erhebliche Beitragssteigerungen bewirken. So zahlte der Steinkohlenbergbau 1957 11,7 vH, 1960 dagegen bereits 13,4 vH der Lohnsumme an die Berufsgenossenschaft, und zwar für Untertagebetriebe des Ruhrbergbaus 18,6 vH und für Tagesbetriebe 4,0 vH. Der durchschnittliche Beitragssatz der übrigen Industrie (ohne Bergbau) dagegen erreichte 1960 nur 1,1 vH. 1961 ist der Beitragssatz des Steinkohlenbergbaus weiter auf 14,9 vH gestiegen — darunter im Ruhrbergbau auf 20,5 vH für Untertagesbetriebe und 4,6 vH für Tagesbetriebe —, in der übrigen Industrie mit 1,1 vH aber gleichgeblieben. Somit hat die Rationalisierung im Steinkohlenbergbau den weiterarbeitenden Unternehmen durch die Übernahme der teilweise langfristigen Verpflichtungen aus Versicherungsfällen der stillgelegten Betriebe im Verhältnis zur Lohnsumme der Beschäftigten ständig steigende Leistungen abverlangt.

Eine Untersuchung der Entwicklung der Leistungsarten der Unfallversicherung bei Produktionseinschränkungen[4]) kommt zu dem Ergebnis, daß die Kosten der Krankenbehandlung nach Unfällen bei Stillegungen zwar rasch zurückgehen; die Dauer der Aufwendungen für die Krankenbehandlung nach Berufskrankheiten aber wird auf rund 30 Jahre, die der Renten an Unfallverletzte, an unter Berufskrankheiten Leidende und an Hinterbliebene sogar auf 30 bis 43 Jahre nach der Produktionseinschränkung geschätzt.

Die Bergbau-Berufsgenossenschaft rechnet dementsprechend mit künftigen Beitragserhöhungen, wenn weitere Betriebe stillgelegt werden.

Allerdings lassen die Lohnsummen als Bemessunggrundlage der Beiträge die echte Belastung der Betriebe nicht klar erkennen. Die bisherige Rationalisierung hat zu dem wirtschaftlich positiven Ergebnis eines verringerten Arbeitskräfteeinsatzes bei etwa gleichbleibender Förderung geführt, so wie Rationalisierungsmaßnahmen allgemein aus Rentabilitätserwägungen durchgeführt zu werden pflegen. Dementsprechend ist auch die Lohnsumme je Tonne verwertbarer Förderung 1961 niedriger als 1958 gewesen.

Umgerechnet auf die Förderung ergibt sich bei den Beiträgen zur Berufsgenossenschaft aber eine Steigerung des Umlageanteils des Steinkohlenbergbaus für die Jahre bis 1961; es ist anzunehmen, daß sich dieser Betrag weiter erhöht, doch ist die Steigerung nicht so stark, wie sie nach der Berechnungsweise der Berufsgenossenschaft ausgewiesen wird. Aus der Sicht des zur Zahlung verpflichteten Unternehmens erscheint die Beitragsbelastung auch

---

[4]) S c h u l z , Eberhard: „Welche Auswirkung hat eine Einschränkung der Förderkapazität des Steinkohlenbergbaus im Bereich der Bezirksverwaltung Bochum der BBG auf die Beiträge der Betriebe für die gesetzliche Unfallversicherung?" Bochum 1960, als Manuskript vervielfältigt.

Umlageanteil des Steinkohlenbergbaus für die Bergbau-Berufsgenossenschaft Bochum

Jahr	Förderung Mill. t	Umlageanteil	
		in Mill. DM	DM je t
1957	133	387	2,91
1958	133	415	3,12
1959	126	422	3,17
1960	142	424	3,37
1961	127	489	3,85

deshalb als drückend, weil ihre Höhe zum Teil aus Verpflichtungen der nicht mehr arbeitenden Betriebe herrührt — dies ist die Folge der Finanzierungsmethode in der Unfallversicherung — und weil die Beitragssätze für die übrige Industrie unvergleichlich niedriger sind; dort treten Versicherungsfälle seltener ein, und außerdem sind in einem großen Teil der anderen Wirtschaftszweige im Gegensatz zum Bergbau mit den Beschäftigtenzahlen die Lohnsummen und die Produktion in den letzten Jahren weiter gestiegen.

Entlastungspläne

Haben die bisherigen Anpassungsmaßnahmen der Steinkohle zu einer gewissen Mehrbelastung der Unternehmen in diesem Bereich des Sozialaufwands geführt, so ist es denkbar, daß die Sorge um weitere Belastungen ihre Bereitwilligkeit zur notwendigen Fortführung dieser Anpassung beeinträchtigt. Deshalb werden verschiedene Pläne zur andersartigen Verteilung zum mindesten der alten Last aus der Unfallversicherung erörtert. Diese Pläne reichen von einer vollständigen Umorganisation der ganzen Unfallversicherung bis zur einmaligen Abnahme der alten Last. Der nächstliegende Weg des Ausgleichs innerhalb der Berufsgenossenschaft des Bergbaus selbst würde angesichts des Anteils der Kohle von rund 80 vH an dieser Berufsgenossenschaft undurchführbar sein.

Bei diesen Erörterungen spielen zunächst die Erwägungen eine Rolle, daß die Kohle in der Volkswirtschaft eine Sonderstellung einnimmt. Erleidet in einer anderen Industrie ein Zweig Einbußen, so führt diese Entwicklung zu einem Zuwachs an Arbeitskräften, Lohnsummen und Produktion in anderen Bereichen, die damit die Umlagen für die Sozialleistungen des notleidenden Teiles innerhalb der Berufsgenossenschaft ohne Schwierigkeiten übernehmen können. Das ist bei der Kohle nicht der Fall. Die anderen Zweige des Bergbaus machen nur einen geringen Teil der Mitglieder der Bergbau-Berufsgenossenschaft aus, und der Erzbergbau ist ebenfalls im Begriff, seine Förderung zurückzunehmen.

Andererseits werden Strukturwandlungen, wie sie beim Steinkohlenbergbau erfolgt sind und weiter erfolgen müssen, dadurch, daß Betriebe mit geringerer Produktivität stillgelegt werden, einen gesamtwirtschaftlichen Produktivitätszuwachs zur Folge haben, so daß es im gesamtwirtschaftlichen Interesse liegt, diesen Strukturwandel zu fördern. Aus diesen Erwägungen ist der Plan entstanden, die alte Last der Unfallversicherung des Bergbaus im Gemeinlastverfahren auf alle Berufsgenossenschaften und somit auf die ganze Wirtschaft zu verteilen. Im Reformentwurf der Unfallversicherung[5]) sieht § 735 (1 und 2) ähnlich wie § 714 der RVO die Möglichkeit einer freiwilligen Vereinbarung der Berufsgenossenschaften über die Verteilung der gemeinsamen Last und die Art dieser Verteilung vor. Allerdings dürfte ein derartiger Versuch zur Entlastung des Bergbaus kaum Aussicht auf Erfolg haben, denn die Vertreterversammlungen der durch eine solche Vereinbarung zusätzlich belasteten Berufsgenossenschaften müßten ihr Einverständnis mit einer solchen Vereinbarung erklären (lt. § 735 [3]), wozu sie kaum zu bewegen sein werden.

Ein anderer Weg der Verteilung der Gemeinlast ist ebenfalls im Reformentwurf, § 736 (1), enthalten: Das Bundesministerium für Arbeit und Sozialordnung kann durch eine Rechtsverordnung bestimmen, daß Berufsgenossenschaften ihre Entschädigungslast ganz oder teilweise gemeinsam tragen oder eine vorübergehend nicht leistungsfähige Berufsgenossenschaft unterstützen. Eine solche Rechtsverordnung bedarf lediglich der Zustimmung des Bundesrates. Es ist allerdings fraglich, unter welchen Umständen die im Gesetz enthaltene Voraussetzung, daß „die Leistungsfähigkeit einer Berufsgenossenschaft gefährdet" ist, als gegeben angenommen wird.

Der Gedanke einer Neuorganisation der Berufsgenossenschaften in einen einzigen Träger der Unfallversicherung dürfte im Hinblick auf den bisher genossenschaftlichen Charakter dieser Institutionen keine Aussicht auf Verwirklichung haben.

Beachtenswert erscheint der Vorschlag, eine Ausgleichskasse für alle Berufsgenossenschaften zu errichten; diese Einrichtung würde weder die Selbständigkeit der einzelnen Berufsgenossenschaften noch die Beibehaltung des genossenschaftlichen Prinzips beeinträchtigen. Vor allem würde der Ansporn für den weiteren Ausbau von Unfallverhütungsmaßnahmen seitens der Unternehmen dadurch beibehalten, daß die Aufwendungen jährlich nach einem auf Grund der Unfallhäufigkeit in den einzelnen Betriebsarten gestaffelten Gefahrtarif auf die einzelnen Berufsgenossenschaften umgelegt würden, die ihrerseits nach dem bisherigen Verfahren diese Beträge auf ihre Mitglieder verteilen sollen. Damit würden die Lohnsummen ebenfalls als eine der Beitragsbemessungsgrundlagen erhalten bleiben.

In anderen Bereichen der sozialen Sicherung hat die öffentliche Hand durch Übernahme einer in der Vergangenheit aufgelaufenen alten Last (vor allem bei freien Berufen) eine einmalige Starthilfe zur Errichtung einer gesunden Sicherungsinstitution, die sich im übrigen aus eigener Kraft tragen soll, zugesagt. Diese Situation war vor allem dann gegeben, wenn diese alte Last unmittelbar oder mittelbar in politischen Zeitereignissen ihre Ursache hatte. Ähnlich liegen die Dinge auch im Kohlenbergbau. Zieht man hier das Verursachungsprinzip in Erwägung, so zeigt sich, daß die staatliche Wirtschaftspolitik in der Nachkriegszeit zunächst eine höchstmögliche Steigerung der Kohlenförderung „um jeden Preis" verfolgte, während sie jetzt an einer

---

[5]) Entwurf eines Gesetzes zur Neuregelung des Rechts der gesetzlichen Unfallversicherung, BT-Drucksache IV/120.

Anpassung der Kohlenförderung an die veränderte Marktlage und an ihrer Rationalisierung interessiert ist. Diese Einflüsse der staatlichen Wirtschaftspolitik sind allerdings nicht quantifizierbar. Heute hat der Staat aber ein begründetes Interesse daran, daß nicht die von einer weiteren Anpassung zu erwartenden Belastungen im sozialen Sektor eben diese Anpassung verhindern oder hemmen. Eine wiederholte staatliche Subventionierung dagegen würde dem genossenschaftlichen Prinzip widersprechen und das System der Unfallversicherung mit seinen Anreizen zur Unfallverhütung außer Kraft setzen.

Diese Erwägungen beziehen sich auf eine Entlastung des Bergbaus lediglich in der Unfallversicherung, um evtl. Hemmnisse für die notwendige Rationalisierung aus diesem Bereich zu vermeiden. Die Unfallversicherung ist nur ein Teil der sozialen Sicherung und müßte grundsätzlich ihre Probleme auch in diesem Rahmen sehen, doch hat sie in Deutschland eine Sonderstellung, die nur aus ihrer geschichtlichen Entwicklung zu verstehen ist.

Außerdem bringt z. B. der Sozialaufwand der Knappschaftlichen Rentenversicherung wohl auch volkswirtschaftliche Probleme mit sich, doch treten diese infolge der andersartigen Organisation und Mittelaufbringung dieses Versicherungsträgers nicht unmittelbar als Stillegungskosten in Erscheinung.

Es bleibt allerdings abzuwarten, welche Folgerungen sich für die deutsche Bergbau-Berufsgenossenschaft im Zusammenhang mit der Regelung dieser Fragen im Gemeinsamen Markt vor allem im Hinblick auf die Wettbewerbsfähigkeit des deutschen Bergbaus noch ergeben werden.

Stillegungslasten infolge Fortzahlung von Unfallrenten und Renten für Berufskrankheiten

Die Stillegungslasten ergeben sich dadurch, daß Unfallrenten und Renten bei Berufskrankheiten an die unmittelbar Geschädigten und, bei deren Todesfall, an die Hinterbliebenen auf Grund der gesetzlichen Bestimmungen gezahlt werden müssen. Das vom Gesetzgeber den Berufsgenossenschaften des Bergbaus wie denen der anderen Wirtschaftszweige zugestandene Umlageverfahren sieht dabei vor, daß die hierfür benötigten Mittel nicht im Zeitpunkt der Verursachung durch Rückstellungen bereitgehalten werden, sondern im Zeitpunkt ihrer Fälligkeit von den Bergbaubetrieben durch ein Umlageverfahren aufgebracht werden. Wirtschaftlich betrachtet ergibt sich durch die zeitliche Verschiebung zwischen Verursachung und Zahlung eine Belastung der zukünftigen Förderung mit Kosten, die nach dem Verursachungsprinzip der früheren Förderung hätten zugerechnet werden müssen. Ein Kostenzurechnungsverfahren nach dem Verursachungsprinzip findet sich im Bergbau z. B. bei der Abdeckung von Bergschäden, für die im Zeitpunkt ihrer Verursachung entsprechende Rückstellungen gebildet werden müssen. Im Falle des Auslaufens einer Zeche würde die Auflösung der Rückstellung die Abgeltung aller noch in Zukunft auftretender Kosten für Bergschäden gestatten. Im Gegensatz hierzu bestehen bei dem Umlageverfahren der Berufsgenossenschaften im Prinzip keine Rückstellungen, so daß bei einem Auslaufen von Schachtanlagen die von ihnen verursachten und noch nicht gezahlten Kosten von den anderen Bergbaubetrieben getragen werden müssen. Volkswirtschaftlich betrachtet handelt es sich somit um eine ungedeckte Verschuldung, die im Falle einer gleichbleibenden Förderung in die Zukunft fortgewälzt wird. Im Falle einer Fördereinschränkung müßte beim Umlageverfahren die verbleibende Förderung die Lasten der stillgelegten Förderung übernehmen (Anstieg der spezifischen Belastung), es sei denn, diese zusätzlichen Lasten werden von anderer Seite getragen. Ihre Höhe hängt von der spezifischen Belastung und dem Umfang des Förderrückgangs ab.

Methodische Betrachtungen

In dem statistischen Zahlenmaterial bei der Bezirksverwaltung Bochum der Bergbau-Berufsgenossenschaften[6]) werden die Zahlungen der Bergbau-Berufsgenossenschaften wie folgt aufgeteilt:

---

[6]) S c h u l z , Eberhard; a. a. O.

a) Aufwendungen für Unfallrenten an die Verletzten,
b) Aufwendungen für Renten bei Berufskrankheiten an die Erkrankten,
c) Aufwendungen für Unfallrenten an Hinterbliebene,
d) Aufwendungen für Renten bei Berufskrankheiten an Hinterbliebene.

Die Zahlentafeln enthalten Angaben über die sogenannten Altrenten für das Jahr 1958. Die jeweiligen Renten sind mit Hilfe von Sterbetafeln bis zu ihrem Auslaufen fortgeschrieben worden. Für die Fragestellung dieser Untersuchung war es zunächst erforderlich, aus diesen Angaben die insgesamt zu zahlenden Beträge der Renten zu errechnen. Hierzu wurden die in den Tafeln für einzelne zukünftige Zeitpunkte angegebenen Werte als Punkte von Gleichungen angesehen. Dabei konnten Gleichungen 2. Grades, bei denen jeweils die Summe der quadratischen Abweichungen entsprechend dem „Gaußschen Verfahren" minimiert ist, verwendet werden. Entsprechende Tests der Gleichungen auf das Sicherheitsintervall ergaben voll befriedigende Genauigkeit. Die Korrelationskoeffizienten (Bravais/Pearson) hatten bei den einzelnen Gleichungen folgende Werte:

$$r_a = 0,9965$$
$$r_b = 0,9792$$
$$r_c = 0,9989$$
$$r_d = 0,9884$$

Durch Integration der Gleichungen ergibt sich sodann die Gesamtbelastung, die bis zum Auslaufen der jeweiligen Rente auftritt. Diese Summe der gesamten Belastung dividiert durch die Förderung ergibt die durchschnittliche — oder spezifische — Belastung in DM/t verwertbarer Förderung, die im Erhebungszeitpunkt, 1958, bestanden hat. (Vgl. auch Abb. S. 33.)

Es wird angenommen, daß die durchschnittliche Belastung in der genannten Höhe für alle möglicherweise stillzulegenden Schachtanlagen gilt[7]. Außerdem kann angenommen werden, daß die für 1958 ermittelten Werte in ihrer Höhe auch noch für 1961 zutreffen, insbesondere, da der Anteil der sogenannten Altrenten relativ hoch ist und deshalb eine mögliche Veränderung der Neurenten, z. B. durch Verminderung der Unfälle als Folge steigender Arbeitsproduktivität, sich nicht so stark auswirkt. Schließlich wurden die ermittelten Ergebnisse, die sich auf das Gebiet der Berufsgenossenschaft Bochum mit einer Förderung von rund 123 Mill. t beziehen, für den Steinkohlenbergbau des Bundesgebietes als charakteristisch angesehen.

Mit Hilfe der skizzierten Methode und der getroffenen Annahmen läßt sich die zusätzliche Belastung errechnen, die im Falle einer Verminderung der Förderung auftritt. Sollten sich in Zukunft wesentliche, fortgesetzte Änderungen bei den Neurenten ergeben, so ändern sich damit naturgemäß die Ergebnisse in entsprechender Richtung.

---

[7] Streuungen zwischen den einzelnen Schachtanlagen können jedoch nicht ganz ausgeschlossen werden.

Die Ergebnisse

Die Berechnungen wurden einmal ohne Berücksichtigung des Diskontfaktors und zum anderen mit einem Diskontfaktor von 6 vH ausgeführt.

Die diskontierte Rechnung war erforderlich, um den abgezinsten Wert aller Rentenbeträge zum Zeitpunkt der Stillegung zu erfassen. Die Höhe des Diskontfaktors wurde in Anlehnung an das Energiegutachten[8]) gewählt.

Teilrentenzahlung

	Einheit	undiskontiert	diskontiert mit 6 vH
Unfallrenten an Verletzte	Mill. DM	1 475,1	713,7
Renten bei Berufskrankheiten an die Erkrankten	„	898,5	702,2
Unfallrenten an Hinterbliebene	„	933,5	422,5
Renten bei Berufskrankheiten an Hinterbliebene	„	844,6	483,4
Gesamtbelastung	Mill. DM	4 151,7	2 321,8
Förderung im Erfassungsjahr 1958	1000 t	123 168	123 168
Belastung	DM/t v. F.	33,71	18,85

Die Gesamtlasten der Berufsgenossenschaften ergeben einen undiskontierten Betrag von 4151,7 Mill. DM und einen diskontierten von 2321,8 Mill. DM. Bei der Förderung von 123,168 Mill. t. im Jahr 1958 (das wegen der noch nicht verminderten Förderung statistisch zweckmäßig ist) im Bereich der Bergbau-Berufsgenossenschaft Bochum ergibt sich je Tonne verwertbare Förderung eine undiskontierte Belastung von 33,71 DM und eine diskontierte von 18,85 DM. Die lange Laufzeit der einzelnen Renten ist die Ursache für den beträchtlichen Unterschied zwischen dem diskontierten und dem undiskontierten Wert.

Wird die Förderung in der Bundesrepublik verringert, so muß die verbliebene Restförderung infolge des Umlageverfahrens die Gesamtbelastung tragen. Die steigende Belastung mit abnehmender Förderung errechnet sich nach folgender Beziehung:

$$S_2 = \frac{F_1}{F_2} \cdot S_1$$

Darin bedeuten:

F_1 = heutige Förderung,
S_1 = spezifische Belastung der heutigen Förderung,
F_2 = verringerte Förderung,
S_2 = spezifische Belastung bei verringerter Förderung.

---

[8]) Gutachten über die Entwicklung der gegenwärtigen und zukünftigen Struktur von Angebot und Nachfrage in der Energiewirtschaft der Bundesrepublik unter besonderer Berücksichtigung des Steinkohlenbergbaus, 1962, Duncker u. Humblot.

FUNKTIONEN ZUR BERECHNUNG VON UNFALLRENTEN UND RENTEN BEI BERUFSKRANKHEITEN

– – – undiskontierte Kurven ——— diskontierte Kurven

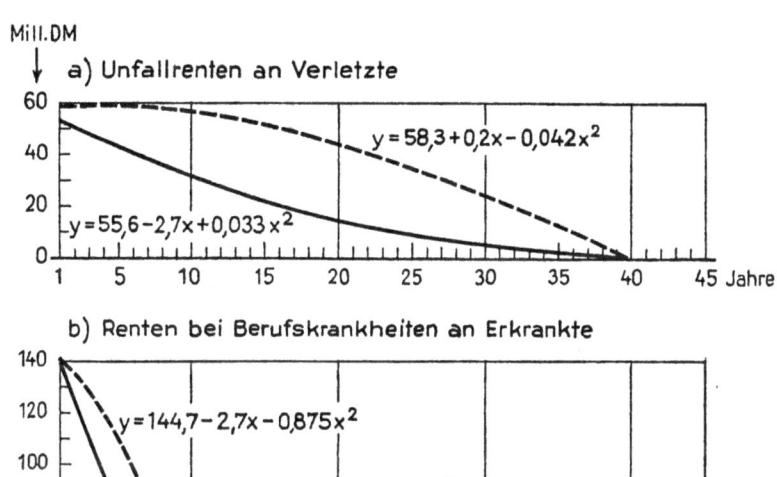

a) Unfallrenten an Verletzte

$y = 58,3 + 0,2x - 0,042x^2$

$y = 55,6 - 2,7x + 0,033x^2$

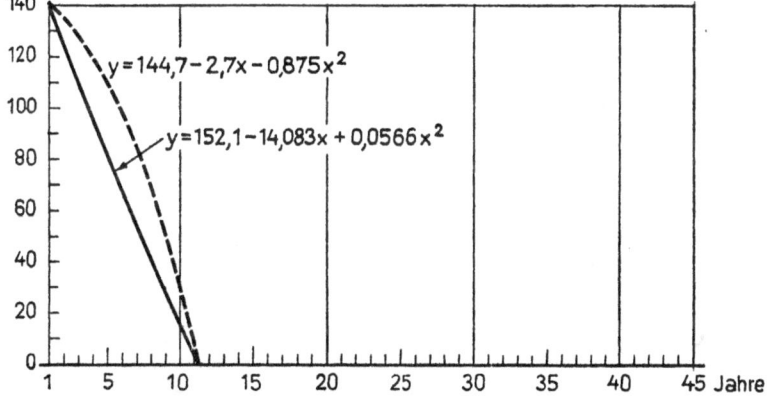

b) Renten bei Berufskrankheiten an Erkrankte

$y = 144,7 - 2,7x - 0,875x^2$

$y = 152,1 - 14,083x + 0,0566x^2$

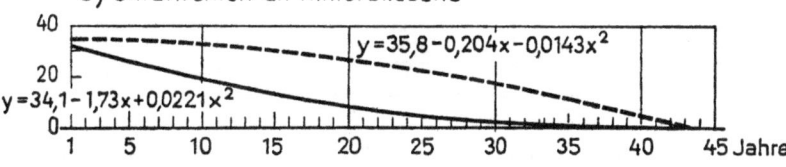

c) Unfallrenten an Hinterbliebene

$y = 35,8 - 0,204x - 0,0143x^2$

$y = 34,1 - 1,73x + 0,0221x^2$

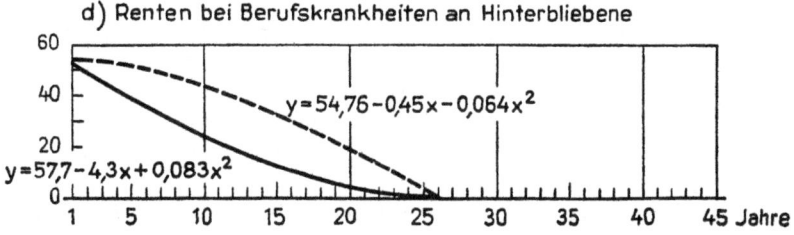

d) Renten bei Berufskrankheiten an Hinterbliebene

$y = 54,76 - 0,45x - 0,064x^2$

$y = 57,7 - 4,3x + 0,083x^2$

Stillegungslasten infolge Renten-Fortzahlung

Will man die zusätzliche Belastung (S_z) ermitteln, so kann das nach folgender Beziehung geschehen:

$$S_z = \left(\frac{F_1}{F_2} - 1 \right) \cdot S_1$$

Wiederum in Anlehnung an das „Energiegutachten" sind die dort für die verschiedenen Wettbewerbsfälle ermittelten künftigen Fördermengen für eine weitere Auswertung herangezogen worden. Ausgehend von der Förderung im Jahre 1961 (143,6 Mill. t) wurde die zunehmende spezifische Belastung bei fallender Förderung berechnet. Die Werte lassen sich aus der folgenden Abbildung auf S. 35 entnehmen.

Zur Erläuterung der Abbildung sei hinzugefügt, daß auf der Abszisse die abnehmende Förderung von links nach rechts abgetragen wurde. Die Veränderung der spezifischen Belastung sowohl in diskontierter als auch in undiskontierter Rechnung läßt sich für jeden Förderwert durch die Kurven (K_1, K_2) ablesen. Die zusätzliche Belastung ergibt sich durch die Differenz zwischen dem jeweiligen Basiswert (B_1, B_2) und den Kurven (K_1, K_2). Naturgemäß läßt sich auch der Anstieg der zusätzlichen Belastung bei weiteren Annahmen über die Förderverminderung ablesen.

In der folgenden Tabelle ist eine einfache Auswertung der Ergebnisse vorgenommen worden, wobei verschieden hohe Stillegungsstufen sowohl mit dem diskontierten als auch dem undiskontierten Werte der spezifischen Be-

Zusätzliche Belastung der verbleibenden Förderung in DM je t

Bei Stillegung von Mill. t	auf Grund spezifischer Belastung von	
	18,85 DM/t (diskontiert)	33,71 DM/t (undiskontiert)
1 . . .	0,13	0,24
5 . . .	0,68	1,21
10 . . .	1,41	2,53
20 . . .	3,05	5,46
40 . . .	7,28	13,02

lastung (18,85 DM/t beziehungsweise 33,71 DM/t) in Verbindung gebracht wurden. Wie sich auch aus dem Schaubild ergibt, steigt mit zunehmender Stillegung die zusätzliche Belastung der verbleibenden Förderung progressiv an. Naturgemäß wird damit die Wettbewerbsfähigkeit der verbliebenen Förderung in entsprechendem Umfang geschmälert. Soll dieser, die Stellung der deutschen Steinkohle auf dem Energiemarkt beeinträchtigende Effekt vermieden werden — etwa dadurch, daß die zusätzlichen Belastungen von anderer Seite aufgebracht werden —, so ergeben sich unter Zugrundelegung der in der vorherigen Tabelle angeführten Stillegungsstufen folgende Gesamtbeträge, die dann aufgebracht werden müßten; dabei sollte allerdings

ZUNAHME DER LASTEN FÜR UNFALLRENTEN UND BERUFSKRANKHEITEN BEI VERMINDERTER STEINKOHLENFÖRDERUNG

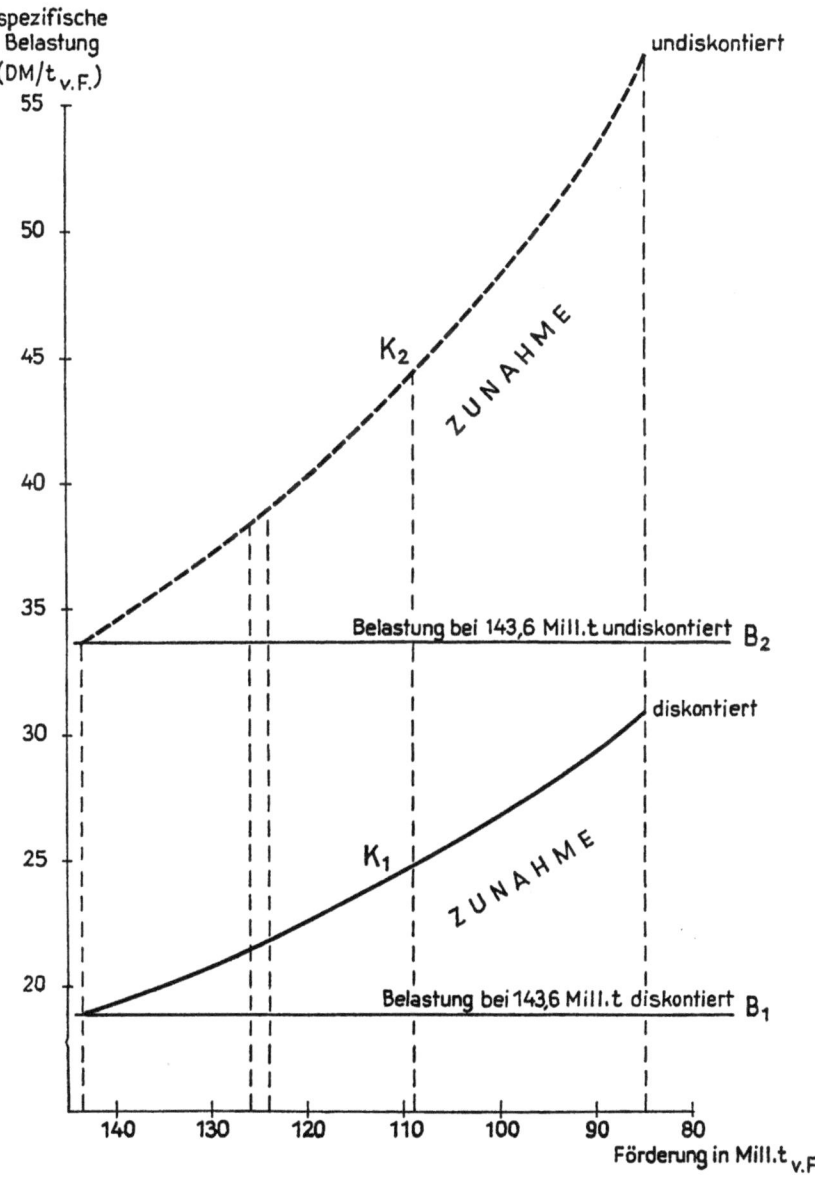

Eintretende zusätzliche Belastung
in Mill. DM

Bei Stillegung von Mill. t	auf Grund spezifischer Belastung von	
	18,85 DM/t (diskontiert)	33,71 DM/t (undiskontiert)
1 . . .	18,9	33,7
5 . . .	94,3	168,8
10 . . .	188,5	337,1
20 . . .	377,0	674,2
40 . . .	754,0	1 348,4

berücksichtigt werden, daß sie nicht in jedem Falle innerhalb einer Periode aufzubringen wären, sondern, sofern die beabsichtigten Stillegungen sich im Laufe mehrerer Jahre vollziehen, auch die dadurch entstehenden Lasten sich auf die entsprechenden Jahre verteilen würden.